武満 徹

ギターのための12の歌

TORU TAKEMITSU
12 SONGS FOR GUITAR

Transcriptions for guitar

SJ 1095

SCHOTT

SYMBOLS:

= Short fermata
= accelerando, rallentando

目次

CONTENTS

ロンドンデリーの歌

Londonderry Air

アイルランド民謡
武満 徹 編曲

Irish Folk Song
arranged by Toru Takemitsu

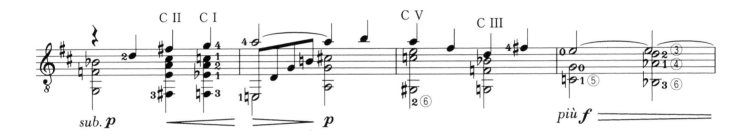

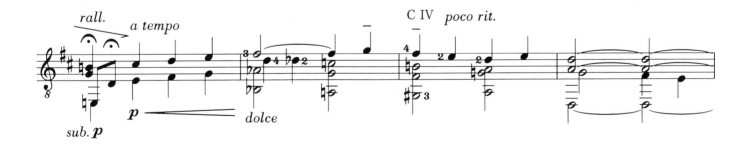

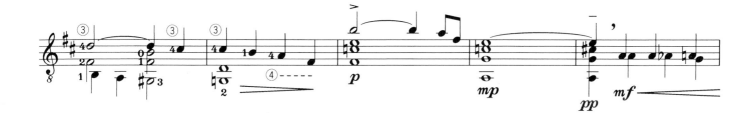

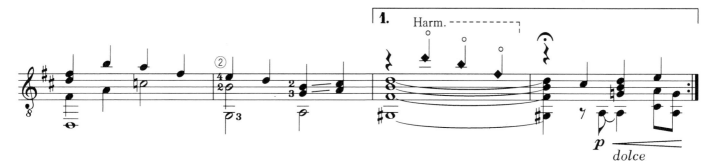

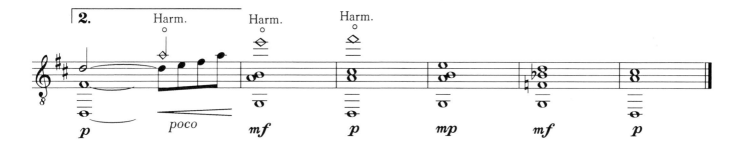

オーバー・ザ・レインボー
Over the Rainbow

ハロルド・アーレン
武満 徹 編曲

Harold Arlen
arranged by Toru Takemitsu

Medium tempo

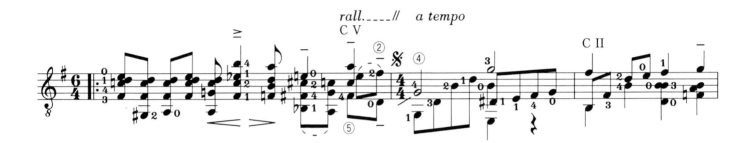

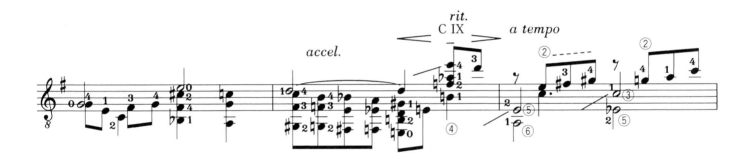

サマータイム
Summertime

ジョージ・ガーシュウィン
武満 徹 編曲

George Gershwin
arranged by Toru Takemitsu

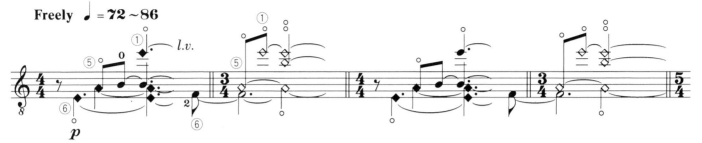

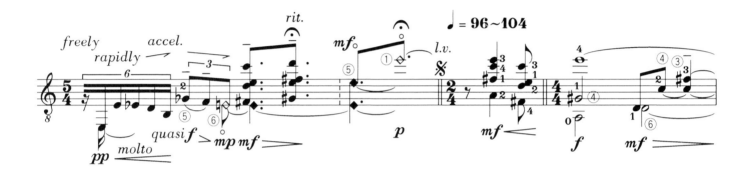

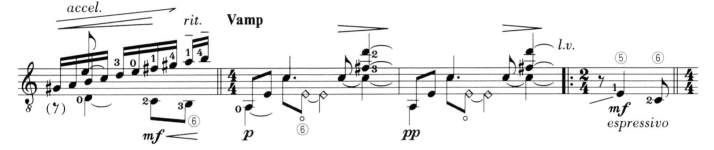

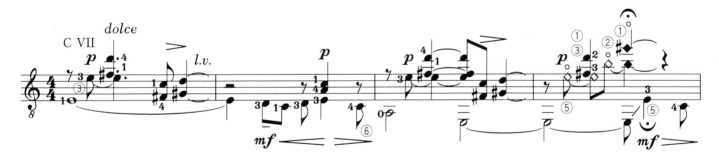

早春賦
A Song of Early Spring

中田 章
武満 徹 編曲

Akira Nakada
arranged by Toru Takemitsu

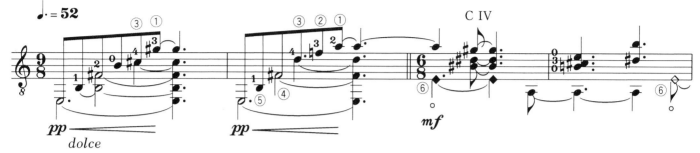

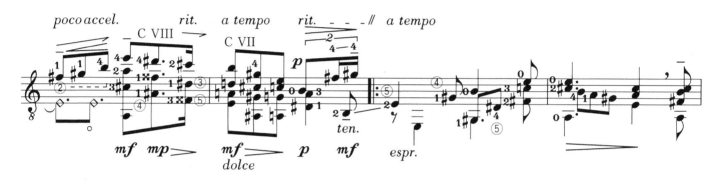

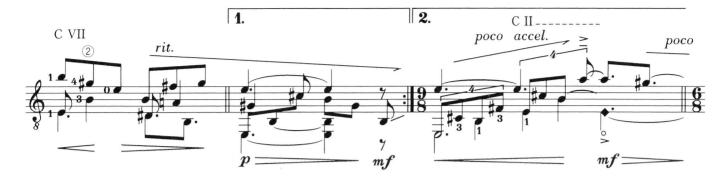

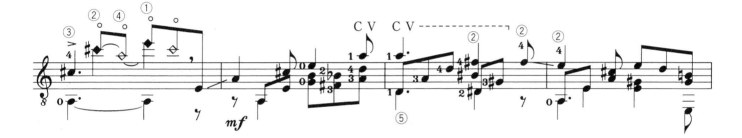

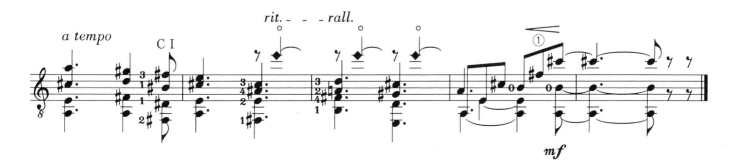

失われた恋
Amours Perdues

ジョゼフ・コスマ
武満 徹 編曲

Joseph Kosma
arranged by Toru Takemitsu

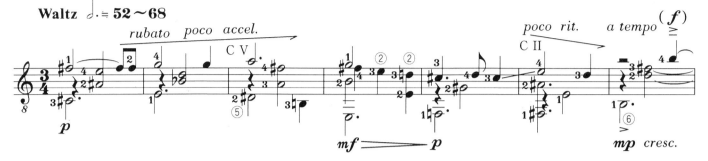

Freely in waltz tempo

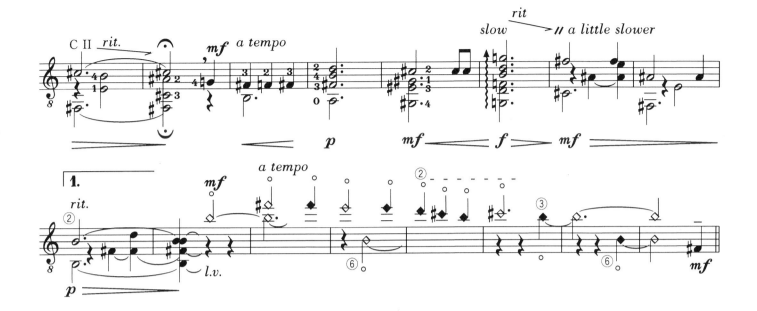

星の世界
What a Friend

チャールズ・C・コンヴァース
武満 徹 編曲

Charles C. Converse
arranged by Toru Takemitsu

⑤ = G
⑥ = D

♩ = 85 （Moderato Feeling）

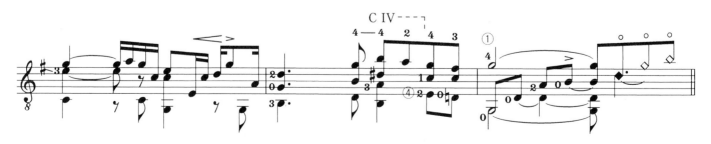

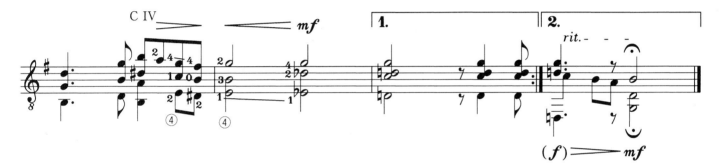

シークレット・ラヴ
Secret Love

サミー・フェイン
武満 徹 編曲

Sammy Fain
arranged by Toru Takemitsu

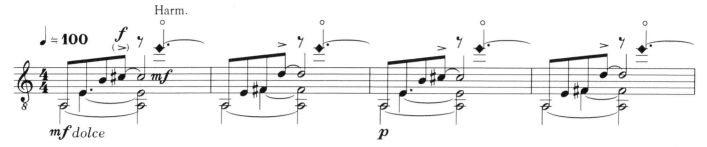

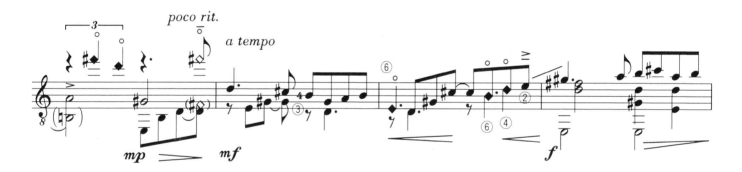

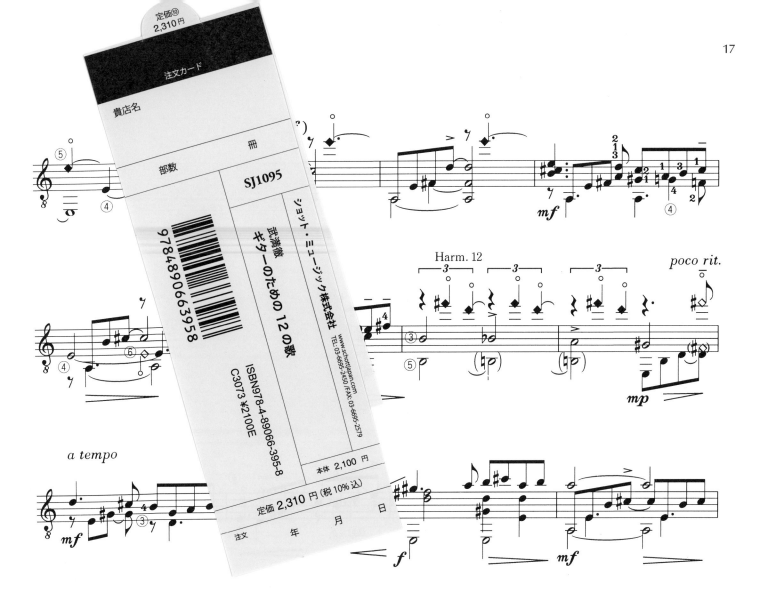

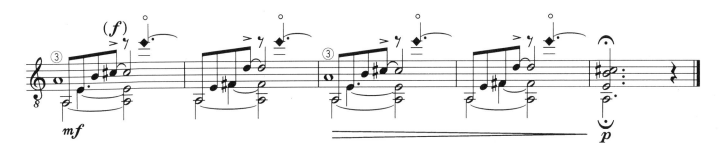

ヒア・ゼア・アンド・エヴリウェア
Here, There and Everywhere

ジョン・レノン／ポール・マッカートニー
武満 徹 編曲

John Lennon and Paul McCartney
arranged by Toru Takemitsu

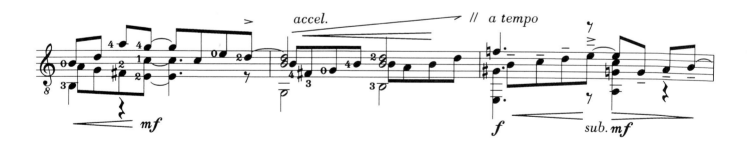

ミッシェル
Michelle

ジョン・レノン／ポール・マッカートニー
武満 徹 編曲

John Lennon and Paul McCartney
arranged by Toru Takemitsu

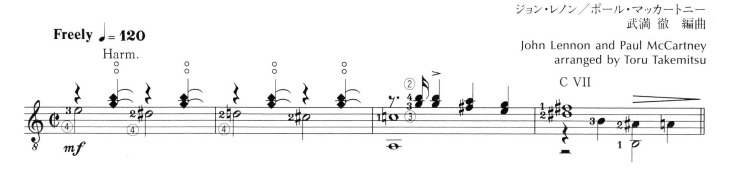

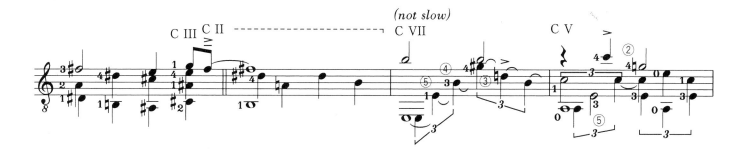

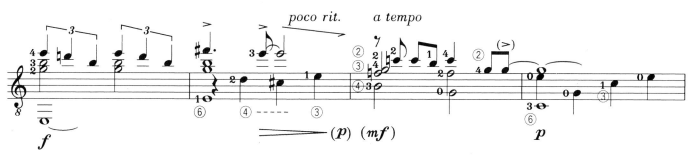

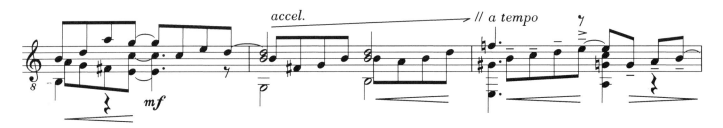

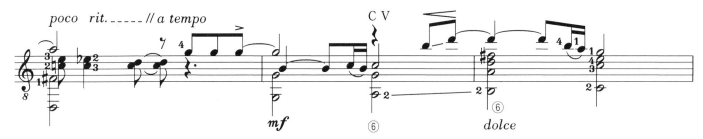

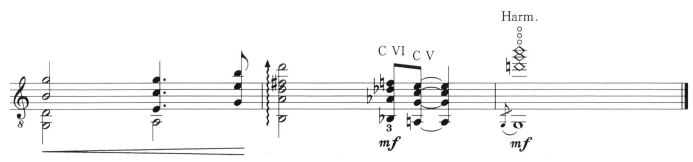

19

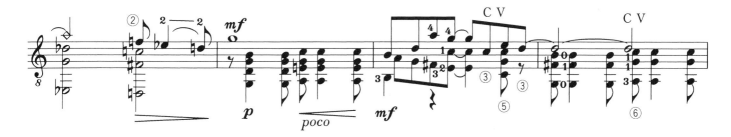

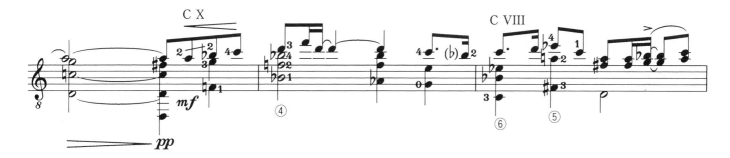

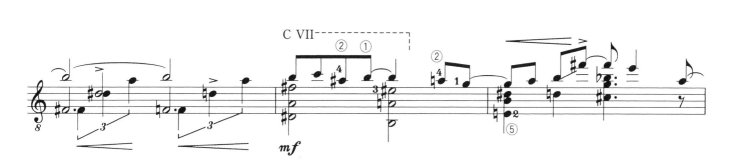

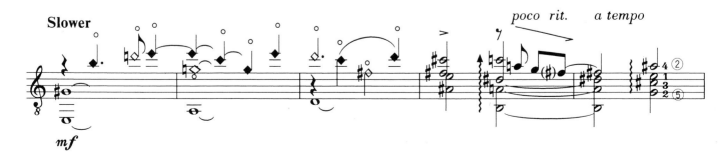

ヘイ・ジュード
Hey Jude

ジョン・レノン／ポール・マッカートニー
武満 徹 編曲

John Lennon and Paul McCartney
arranged by Toru Takemitsu

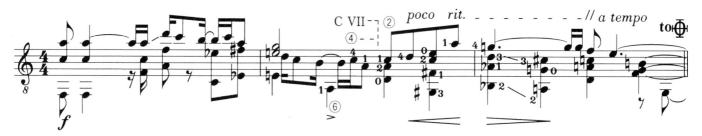

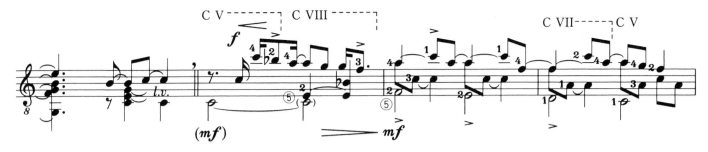

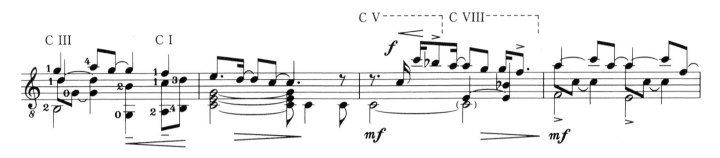

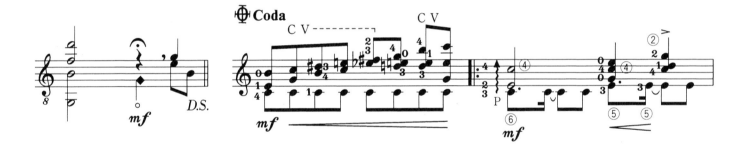

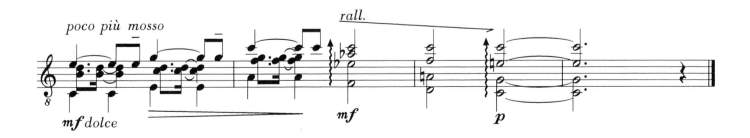

イエスタデイ
Yesterday

ジョン・レノン／ポール・マッカートニー
武満 徹 編曲

John Lennon and Paul McCartney
arranged by Toru Takemitsu

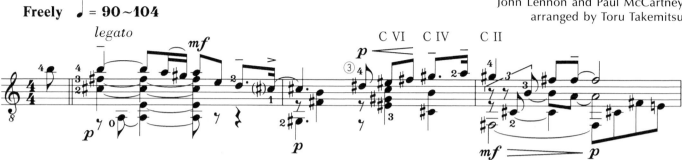

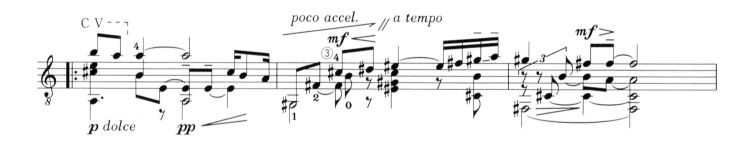

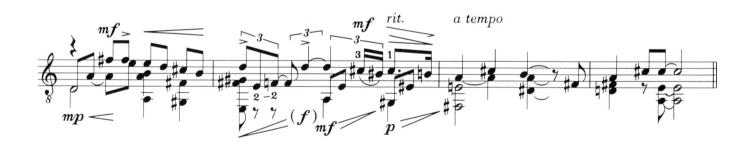

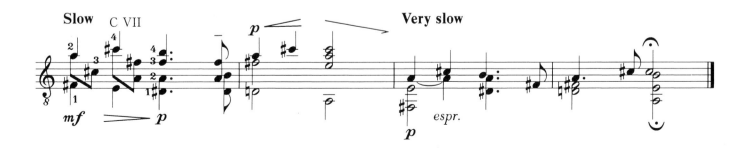

インターナショナル
The International

ピエール・ドジェイテール
武満 徹 編曲

Pierre Degeyter
arranged by Toru Takemitsu

Play as corny ballade

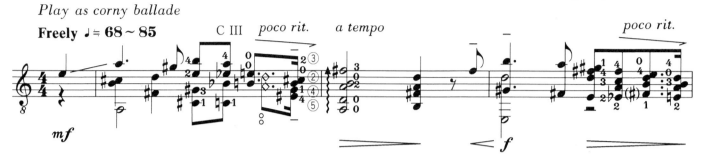

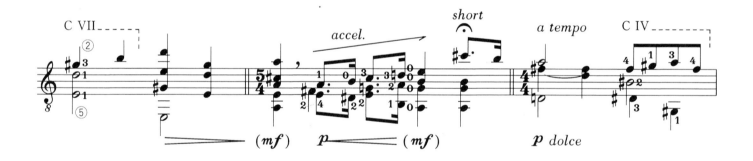

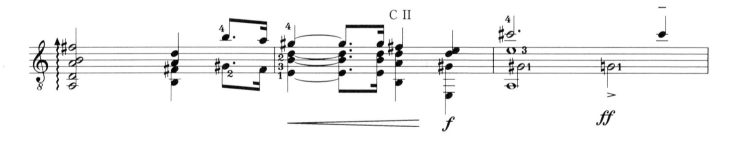

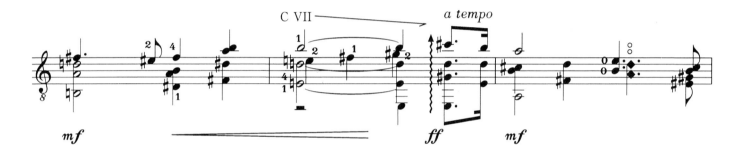

武満 徹《ギターのための12の歌》　　　　●

初版発行——————————————————1996年1月25日
第1版第16刷⑯——————————————2023年5月25日
発行——————————————————ショット・ミュージック株式会社
　　　————————————————————東京都千代田区内神田1-10-1 平富ビル3階
　　　————————————————————〒101-0047
　　　————————————————————(03)6695-2450
　　　————————————————————www.schottjapan.com
　　　————————————————————ISBN 978-4-89066-395-8
　　　————————————————————ISMN M-65001-135-8

日本音楽著作権協会(JASRAC)(出)許諾第9564043-316号